技工院校汽车类专业（中级技能层级）
中等职业学校汽车类专业

汽车性能与检测（第三版）习题册

季小峰　主编

中国劳动社会保障出版社

简介

本习题册是技工院校汽车类专业教材（中级技能层级）/ 中等职业学校汽车类专业教材《汽车性能与检测（第三版）》的配套用书。内容紧扣教材的教学要求，注重基础知识的巩固和基本能力的培养，知识点分布均衡，题型丰富，难易适当，有助于学生复习巩固所学知识。

本习题册由季小峰任主编，刘翔参与编写。

图书在版编目（CIP）数据

汽车性能与检测（第三版）习题册 : 技工院校汽车类专业 : 中级技能层级　中等职业学校汽车类专业 / 季小峰主编 . -- 北京 : 中国劳动社会保障出版社，2025.
ISBN 978-7-5167-6948-5

Ⅰ. U472. 9-44

中国国家版本馆 CIP 数据核字第 20255ZQ156 号

中国劳动社会保障出版社出版发行

（北京市惠新东街 1 号　邮政编码：100029）

*

北京鑫海金澳胶印有限公司印刷装订　　新华书店经销

787 毫米 ×1092 毫米　16 开本　5.75 印张　103 千字

2025 年 6 月第 1 版　　2025 年 6 月第 1 次印刷

定价：15.00 元

营销中心电话：400-606-6496

出版社网址：https://www.class.com.cn

https://jg.class.com.cn

目　录

模块一　绪　论

任务1　汽车使用性能

一、填空题（将正确答案填写在横线上）

1. 汽车检测是评价__________、判断__________、考核__________的重要手段，是车辆运输业______________的主要内容。

2. 汽车使用性能决定汽车利用的________和________。

3. 汽车常用的使用性能有容载量、使用方便性、________、________、________、________、环保性等。

4. 汽车的容载量与汽车的__________、__________、__________、座位数和站立乘客的地板面积等有关。

5. 载货汽车的容载量常用____________和______________进行评价。

6. 汽车质量利用用于描述汽车__________与__________之间的关系。

7. 汽车整备质量利用系数反映车型的________和________水平，也能间接反映汽车的____________。

8. 使用__________，应用强度高、质量轻的____________和__________都可以提高汽车整备质量利用系数。

9. 汽车的使用方便性是一项综合使用性能，表示汽车在运行过程中，驾乘人员的________和__________，以及保证货物的________和装卸货物的________。

10. 操纵轻便性决定了驾驶员的____________，对减轻驾驶员的________和保证__________具有重要作用。

11. 为了减轻驾驶员的操纵力，汽车转向系统常设有__________装置；汽车制动系统常设有__________装置。

12. 为了保证不同身高的驾驶员都能有适合的______________，驾驶员座椅应具有__________的功能，即可沿__________和__________调节，座椅与靠背的________也可调节。

13．现代乘用车的驾驶员座椅多采用电动座椅，其调节是通过__________实现的，只需扳动相应的__________就可以调节座椅。

14．根据地面对汽车通过性的影响因素，汽车通过性可分为______________和______________。

15．汽车的通过性主要取决于道路情况及汽车的____________和____________。

16．汽车的机动性表示汽车能够通过________________或绕开__________________的能力。

17．汽车的安全性一般分为________安全性、________安全性、____________安全性和________安全性。

18．座椅上乘坐人员的____________与________________的比值为1.6~2.0时，座椅的舒适性最好。

19．汽车运行燃料消耗量取决于车辆的_____________、____________、____________等使用因素。

20．汽车的使用性能除与汽车本身因素有关外，还与________________有关，如____________、____________和运输条件等。

二、判断题（正确的打“√”，错误的打“×”）

1．汽车整备质量利用系数 = 汽车装载质量 / 汽车整备质量。　（　　）

2．汽车整备质量利用系数随装载质量的增加而降低。　（　　）

3．操纵的轻便性决定了驾驶员的工作条件，对减轻驾驶员的疲劳和保证行车安全具有重要作用。　（　　）

4．驾驶员座椅构造和操纵杆件的配置是否舒适、方便，对汽车使用方便性的影响不大。　（　　）

5．汽车的动力性越好，平均行驶速度越高，其运输效率就越高。　（　　）

6．汽车的动力性是汽车最基本、最重要的性能。　（　　）

7．汽车事故后的安全性是指汽车能减轻事故后果的性能。　（　　）

8．汽车的乘坐舒适性在很大程度上取决于座椅的尺寸。　（　　）

9．汽车最大行驶里程与汽车使用条件无关。　（　　）

三、选择题

1．汽车的燃油费用约占运输成本的（　　）以上，因此，燃料经济性对汽车的运输成本有很大影响。

A．20%　　B．30%　　C．40%　　D．50%

2．影响汽车主动安全性的因素不包括（　　）。

A．制动性　　B．操纵稳定性　　C．经济性　　D．行驶平顺性

四、名词解释

1．汽车的容载量

2．汽车的通过性

3．汽车的机动性

4．汽车的主动安全性

5．汽车的被动安全性

6．汽车最大连续行驶里程

五、简答题

1．简述汽车性能检测的意义。

2．简述汽车性能检测的目的。

3．简述汽车安全性的分类和含义。

任务2　汽车检验机构

一、填空题（将正确答案填写在横线上）

1. 汽车检验机构是综合运用______________，对运输车辆技术状况进行________、________和__________的机构。

2. 汽车检验机构能对汽车的_________、_________、_________、可靠性等性能以及噪声和______________等进行全面检测。

3. 汽车检验机构可代表________________对车辆的__________和__________进行监控，保证车辆__________，提高运输效率，降低运行消耗。

4. 公安部要求对于公路上行驶的汽车必须定期到汽车检验机构进行__________和__________检测；交通运输部要求对于运营中的车辆必须定期到汽车检验机构进行____________检测。

5. 按服务功能分类，汽车检测站可以分为________检测站、________检测站和____________检测站。

6. 汽车检测线由多个工位组成，布置形式为____________，即检测工位按一定顺序分布在____________内，有利于__________。

7. __________工位设置在室外，主要进行车辆____________、__________完整有效性检查等。

8. 外部检视放在__________工序，是为其他检测项目打好基础，如有外部检视____________不合格的，不得进入下一道工位检测。

9. 典型四工位安全技术检测线的工位布局是：___________工位→_____________工位→__________工位→________________工位。

10. 车辆维修应贯彻__________的原则，即根据车辆__________和__________结果，视情按不同作业范围和程度进行维修。

二、判断题（正确的打“√”，错误的打“×”）

1. 经认定的检验机构，对运输车辆的技术状况进行监督检测时，可适当以盈利为目的。（　　）

2. 综合性能检测站主要承担车管部门对车辆进行年审的任务。（　　）

3. A 级站承担在用车辆技术状况和车辆维修质量的检测和评定。（　　）

4. C 级站承担在用车辆技术状况的检测。（　　）

5. 检测线能适应流水作业，易实现自动控制和检测网络化，检测效率高。（　　）

6. 汽车检测线的工位布置是固定的，进入检测线的汽车按工位顺序进行流水检测作业。（　　）

7. 现代化检测诊断可以完全代替人工外部检查作业。（　　）

三、选择题

1. 只能承担在用车辆技术状况检测的汽车综合性能检测站是（　　）。

   A. A 级站　　B. B 级站　　C. C 级站　　D. D 级站

2. 下列（　　）不是综合检测站的任务。

   A. 对在用运输车辆的技术状况进行检测和诊断

   B. 对车辆的维修质量进行检测

   C. 接受公安、环保和司法机关等部门的委托实施车辆检测

   D. 对车辆进行改装

3. 下列（　　）不是安全技术检测线的工位。

   A. 外部检视　　B. 排放、车速表　　C. 轴重、制动　　D. 底盘测功

四、简答题

1. 汽车检验机构的任务是什么？

2．简述汽车检验机构按检测性质的不同如何分类，以及各自承担的检测任务。

3．简述典型四工位安全技术检测线的主要特点。

任务3　汽车年检

一、填空题（将正确答案填写在横线上）

1．汽车年检的目的在于检查汽车________________，及时消除车辆的____________，督促加强汽车的____________，使汽车处于完好状态，确保汽车行驶安全。

2．汽车年检主要检查车辆的____________、__________和__________，确保车辆符合____________和____________的要求，防止非法改装车辆，为道路交通安全提供保障。

3．机动车的年检分为____________和____________。

4．车龄6年以下免检是指车辆6年内不需要到检验机构进行____________，但每2年仍然要申领____________。

5．检验合格标志电子凭证和纸质凭证具有____________，已领取检验合格标志电子凭证的车辆不需要再____________。

二、判断题（正确的打“√”，错误的打“×”）

1. 车主可直接在“交管 12123”APP 上申请领取年检电子标志。 （　　）

2. 免检车辆范围为注册登记 6 年以内的非营运乘用车（含大型乘用车）和其他小、微型载客汽车。 （　　）

3. 年检时，需要车主先处理完车辆的违章。 （　　）

4. 牌照是否清晰，若有褪色、破损，需要提前到车管所申请更换，更换后才可年检。 （　　）

5. 年检不合格车辆不允许再继续行驶，必须立即报废。 （　　）

三、名词解释

1. 汽车年检

2. 初次年检

四、简答题

1. 简述车辆年检的法律规定。

2. 简述车辆年检的主要意义。

3. 汽车申领检验合格标志的条件有哪些?

4. 年检不合格的车辆如何处理?

模块二　汽车动力性检测

任务 1　汽车动力性的评价指标及受力分析

一、填空题（将正确答案填写在横线上）

1. 汽车动力性的好坏通常用汽车______________、____________及______________等作为评价指标。

2. 汽车加速时间分为____________加速时间和________加速时间两种。

3. 原地起步加速时间是指汽车由__________起步，并以最大的加速度逐步换到____________，加速到某一规定的________所需的时间；或由__________起步，以最大加速度逐步换到____________后，达到一定距离所需的时间。

4. 汽车的行驶阻力有_________阻力、_________阻力、_________阻力和_________阻力等。

5. 汽车行驶时受到的空气阻力由________阻力和________阻力两部分组成。

6. 空气阻力与汽车相对速度的_______成正比，相对速度越______，空气阻力越______。

7. 空气阻力与________________及__________________成正比。

8. 汽车在行驶过程中，_________阻力和_________阻力是在任何条件下都存在的，而_________阻力和_________阻力仅在汽车________或________行驶时存在。

二、判断题（正确的打“√”，错误的打“×”）

1. 动力性是汽车最基本、最重要的性能。（　　）

2. 原地起步加速时间越短，汽车的动力性越好。（　　）

3. 超车加速时间越短，汽车的超车加速性能越好。（　　）

4. 最高车速、加速能力和最大爬坡度均应在无风或微风的条件下测定。（　　）

5. 对于不同用途的汽车，汽车加速能力、最高车速及上坡能力三个动力性评价指标影响汽车平均行驶速度的程度是相同的。（　　）

6. 主要行驶在高速公路上的汽车，其平均行驶速度主要取决于加速能力的大小。（ ）

7. 在市区道路上行驶的公共汽车，其平均行驶速度主要取决于最高车速的高低。（ ）

8. 轮胎气压越高，道路越平整、坚实，滚动阻力系数的值越大。（ ）

9. 汽车的空气阻力系数值可由道路试验、风洞试验等方法求得。（ ）

10. 空气阻力与汽车相对速度成正比。（ ）

11. 货物装载时应尽可能使汽车外形平滑过渡。（ ）

12. 高速行驶时，发动机的大部分功率消耗在克服空气阻力上。（ ）

13. 汽车的质量分为平移质量与旋转质量两部分。（ ）

14. 汽车高速行驶时空气阻力可忽略不计。（ ）

15. 汽车在水平道路上等速行驶时没有加速阻力和坡度阻力。（ ）

三、选择题

1. 汽车最高车速是在风速小于或等于（ ）m/s 的条件下测得的。

A. 2　B. 3　C. 4　D. 5

2. 汽车的加速能力常用（ ）来评价。

A. 加速度　B. 最高车速

C. 汽车加速时间　D. 以上都是

3.（ ）的爬坡能力最大。

A. 普通乘用车　B. 货车　C. 越野车　D. 客车

4. 汽车在松软的土路上行驶时所受的主要阻力是（ ）。

A. 空气阻力　B. 上坡阻力　C. 滚动阻力　D. 加速阻力

5. 汽车在平坦道路上加速行驶时不存在的阻力是（ ）。

A. 空气阻力　B. 滚动阻力　C. 加速阻力　D. 坡度阻力

6. 影响滚动阻力系数的因素有（ ）。

A. 制动减速度　B. 轮胎气压　C. 坡度大小　D. 以上都是

7. 空气阻力的计算公式是（ ）。

A. $F_W=C_d A v r^2/21.15$　B. $F_W=C_d v r^2/21.15$

C. $F_W=A v r^2/21.15$　D. $F_W=C_d A v r^2$

四、名词解释

1．汽车的动力性

2．汽车的最高车速

3．汽车的加速能力

4．最大爬坡度

五、简答题

1．汽车动力性的评价指标有哪些?

2. 汽车行驶阻力有哪些？简单分析各行驶阻力产生的原因。

任务2 汽车动力性的理论分析

一、填空题（将正确答案填写在横线上）

1. 汽车能够行驶其驱动力必须大于或等于由________阻力、________阻力、________阻力和________阻力组成的汽车行驶阻力。

2. 增大汽车驱动力，可以采用__________________和______________的方法。

3. 车轮附着系数的主要影响因素有____________________、____________________以及__________________等。

4. 胎纹细而浅的轮胎，在______________有较好的附着能力；胎纹宽而深的轮胎，在____________的附着能力高。

5. 轮胎胎面上有纵向沟槽，胎面边缘有横向沟槽，使轮胎在纵向、横向均有较好的________能力，提高了轮胎在潮湿路面上的________能力。

6. 在松软的路面上，适当降低轮胎气压，使轮胎与土壤的____________增加，胎面凸起部分嵌入土壤的部分增多，可显著提高____________。

7. 在潮湿的路面上，适当提高________________，使轮胎与路面的________________

减小，有助于挤出轮胎与接触面间的水分，使轮胎得以与路面较坚实的部分接触，可提高____________。

8．轮胎的磨损也会影响附着能力，随着胎面胎纹__________，附着系数将__________。

9．汽车在行驶时，不仅有驱动力和____________的平衡，还有发动机功率和____________________的平衡。

10．汽车行驶的每一瞬间，发动机发出的功率等于______________与______________所消耗的功率总和。

二、判断题（正确的打“√”，错误的打“×”）

1．当车轮驱动力大于附着力时，车轮将发生滑转现象。（　　）

2．在坚硬的路面上，附着系数反映轮胎与路面的摩擦作用。（　　）

3．在松软的路面上，附着系数与轮胎和路面的摩擦作用及土壤的抗剪强度有关。（　　）

4．使用十年以上的路面，附着系数比新建时升高 20%~30%。（　　）

5．汽车附着力足够大，地面才能在附着力的限制下对驱动轮产生足够的切向反作用力。（　　）

三、选择题

1．汽车行驶时，驱动力与各种行驶阻力的关系是（　　）。

A．$F_t=F_f+F_w+F_i+F_j$　　B．$F_t>F_f+F_w+F_i+F_j$

C．$F_t<F_f+F_w+F_i+F_j$　　D．$F_t \geqslant F_f+F_w+F_i+F_j$

2．附着系数最高的路面是（　　）。

A．沙石路面　　B．水泥路面

C．冰雪路面　　D．压实土路

3．汽车在正常行驶过程中，车轮处于（　　）状态。

A．纯滚动　　B．纯滑动

C．边滚边滑　　D．以上都是

4．影响附着系数的主要因素有（　　）。

A．路面的种类和状况　　B．轮胎的结构和气压

C．汽车的行驶速度　　D．以上都是

四、名词解释

附着力

五、简答题

1．车轮附着系数受到哪些因素的影响？

2．汽车行驶的驱动附着条件是什么？

任务3　影响汽车动力性的主要因素

一、填空题（将正确答案填写在横线上）

1．汽车比功率越大，其____________和__________越高，动力性越好。

2．变速器的挡位数增加时，使发动机在接近____________下工作的机会增加，发动机的__________________提高，____________增大，有利于汽车________和________，提高了汽车中速行驶时的动力性，即汽车的动力性越好。

3．对于无级变速系统，汽车在任何车速下，发动机都能在____________下工作，此时

__________最大，______最好。

4. 变速器Ⅰ挡传动比的大小决定了汽车__________和汽车____________的大小。

5. 减小空气阻力，能有效地改善汽车的________，提高__________。

6. 汽车在使用过程中，应加强__________，采用正确的__________，合理的__________，充分发挥汽车的动力性能，以提高运输速度和运输效率。

二、判断题（正确的打“√”，错误的打“×”）

1. 当驱动桥主减速器传动比减小时，最高车速增加，后备功率增加，汽车的动力性较强。（　　）

2. 汽车的后备功率越大，汽车动力性越好。（　　）

3. 变速器的传动比对汽车的动力性影响最大。（　　）

4. 减小空气阻力，能有效地改善汽车的动力性，提高最高车速。（　　）

5. 汽车外观的流线型越差，空气阻力系数越小，汽车动力性就越差。（　　）

6. 对具有相同载重质量的不同汽车，自重较小者，动力性较好。（　　）

7. 汽车的维护与保养差，会降低汽车的动力性。（　　）

三、名词解释

1. 比功率

2. 转矩适应性系数

四、简答题

汽车的总质量对汽车动力性的影响是什么？

任务4　汽车动力性的台架检测

一、填空题（将正确答案填写在横线上）

1. 汽车动力性检测分为__________检测和__________检测。营运车辆动力性检测一般采用______检测。

2. 汽车动力性台架检测主要是用____________检测发动机功率，用底盘测功机检测汽车的____________、__________和__________。

3. 台架试验不受________、___________等客观条件的影响，只受测试设备本身__________的影响。

4. 汽车加速能力有两种测试方法，一种是检测汽车____________；另一种是检测汽车____________。加速时间越短，汽车的____________越强。

5. 根据被检车辆的__________选定底盘测功机的相应当量惯量。

6. 当底盘测功机配备的惯量模拟系统的____________不能准确地满足被测车辆的___________需要时，可选配与被检车辆整备质量最接近的____________。

二、判断题（正确的打“√”，错误的打“×”）

1. 汽车检验机构广泛采用汽车动力性台架检测的方式。（　　）

2. 底盘测功时，被检车辆的轮胎胎纹中不允许夹有石粒。（　　）

3. 底盘测功时，被检车辆前方严禁站人，以确保检测安全。（　　）

4. 走合期的新车或大修车，可以进行底盘测功试验。（　　）

5. 底盘测功试验开始前，应将车辆预热至发动机、传动系统达到正常工作温度的状态。

（　　）

6. 底盘测功时若突然停电，驾驶人应立即松开加速踏板，制动减速。（　　）

7. 根据底盘测功机检测车辆的最大驱动功率，可以评定车辆的技术状况等级。

（　　）

三、简答题

1. 底盘测功前，被检汽车的准备工作有哪些？

2. 简述底盘测功的注意事项。

3. 简述汽车滑行性能的检测方法。

任务5 汽车动力性的道路试验

一、填空题（将正确答案填写在横线上）

1. 道路试验对汽车动力性的测试不同于台架检测，它受__________和__________的限制。

2. 车辆里程表虽然能够指示汽车行驶里程和速度，但由于受到__________、__________、__________等因素的影响，其显示精度不能满足道路试验要求，因此，需要专门的仪器进行测量。

3. 非接触式车速仪主要分为两类，一种为__________车速仪，另一种为__________车速仪。

4. 非接触式GPS车速仪是一种利用__________的非接触式车速仪，它能够精确地测量__________和__________。

5. 与非接触式光学车速仪相比，非接触式GPS车速仪具有__________、__________、__________、无须校准等特点。

6. 滑行试验的目的是为了检测汽车__________、__________以及__________的各种阻力。

7. 车逗试验包括__________试验和__________试验。

二、判断题（正确的打“√”，错误的打“×”）

1. 同一车辆，只要使用相同的仪器、设备测试，即使道路与环境条件不同，测试结果也会相同。（ ）

2. 道路试验测试汽车的动力性，不必限定试验的条件。（ ）

3. 非接触式光学车速仪安装方便，测量精度高，适用于高速测量，最高测量速度可达250 km/h。（ ）

4. 非接触式光学车速仪在车速很低时，测量误差很小，车速 1.5 km/h 以下也能测量。（ ）

5. 非接触式 GPS 车速仪是基于新一代高性能的 GPS 卫星定位系统开发的速度位移检测系统。（ ）

6. 非接触式 GPS 车速仪不受雨雪等测试环境的影响，测试范围广，测试效率高。（ ）

三、名词解释

1. 第五轮仪

2. 滑行试验

3. 最低稳定车速

4. 最高车速

四、简答题

1. 简述汽车滑行试验的方法。

2. 简述汽车爬坡性能试验的内容。

模块三　汽车燃料经济性检测

任务 1　汽车燃料经济性的评价指标及检测标准

一、填空题（将正确答案填写在横线上）

1. 用油耗仪测量汽车燃料消耗量在使用中的变化，不仅可以诊断______________的技术状况，还可以诊断________________的技术状况。

2. 在汽车综合性能检测中，通过汽车______________的检测，可以限制____________的车辆继续使用，从而达到____________和________________的目的。

3. 根据汽车燃料消耗试验工况的不同，汽车单位行程的燃油消耗量主要有两种表示方法：__________________和____________________。

4. 等速百千米油耗是一种________评价指标，只能反映汽车在一定车速下的______________，而不能作为____________汽车运行的燃料经济性的参考指标。

5. 百千米油耗检测时，我国____________常采用 15 工况循环；_________________和________________常采用 4 工况循环；________常采用 6 工况循环等。

6. 循环工况百千米油耗是一项_________评价指标，由于其考虑了汽车的___________，因此，它可以比较全面地评价汽车的______________。

二、判断题（正确的打“√”，错误的打“×”）

1. 汽车燃料经济性常用汽车行驶 100 km 所消耗的燃料量（L/100 km）来评价，燃料消耗量越小，汽车的燃料经济性就越好。　（　　）

2. 等速百千米燃料消耗量特性曲线，可用来综合评价汽车每一速度的燃料经济性。　（　　）

3. 乘用车常用 90 km/h 和 120 km/h 的燃油消耗量（L/100 km）来评价其燃料经济性。　（　　）

4. 车型不同时，实际行驶的状况相同。因此，百千米油耗检测的多工况循环、多工况规范都相同。 (　　)

三、名词解释

1. 汽车的燃料经济性

2. 等速百千米油耗

3. 循环工况百千米油耗

四、简答题

1. 简述汽车燃料经济性的定义和意义。

2. 汽车燃料经济性的评价指标是什么？各有什么特点？

任务2 影响汽车燃料经济性的主要因素

一、填空题（将正确答案填写在横线上）

1. 影响汽车燃料经济性的因素很多，汽车的燃料经济性主要取决于________________和______________、车速及各种运动阻力等。

2. 发动机的热效率直接影响发动机的_________________，影响汽车的_____________。

3. 发动机的热效率又取决于发动机的________、__________、__________等。

4. 汽车传动系统的_________、_________及____________对汽车燃料经济性都有很大影响。

5. 汽车的________阻力、________阻力和________阻力均与汽车总质量成正比。

6. 空气阻力与汽车的____________、________________、______________均成正比。

7. 降低空气阻力系数的方法主要是使车身形状近似于_________，并去掉车身表面的____________。

8. 减小滚动阻力的方法有：采用______________、采用______________________、改进____________等。

9. 汽车燃料消耗量还取决于__________________、____________________以及相关的汽车运行条件。

10. 正确调整传动系统齿轮副的____________、轴承和油封的________以及___________________都可以提高传动效率。

11. 汽车的运行条件如________、____________、____________等，对汽车燃料经济性的影响很大。

二、判断题（正确的打“√”，错误的打“×”）

1. 压缩比过高会引起爆燃和表面点火，导致严重的排气污染。（　　）
2. 适当提高压缩比，可以改善发动机的燃料经济性。（　　）
3. 提高发动机的功率利用率，可降低汽车的耗油量。（　　）
4. 发动机的结构对燃料经济性无太大影响。（　　）
5. 在一定的行驶条件下，变速器应尽量用较高的挡位。（　　）
6. 无级变速器可使发动机的工作特性与汽车的行驶工况始终保持最佳的匹配。（　　）
7. 降低空气阻力来提高汽车燃料经济性，在高速行驶时效果尤为显著。（　　）
8. 正确的使用和驾驶操作可以降低汽车的燃料消耗量。（　　）
9. 在相同的平均速度下，加速—滑行比等速行驶更费油。（　　）
10. 在道路阻力系数增大时，汽车最低燃料消耗量对应的经济车速提高。（　　）

三、选择题

1. 发动机的热效率直接影响发动机的有效燃料消耗率，影响汽车的燃料消耗量。发动机的热效率与（　　）无关。

A. 发动机的类型　　B. 设计与制造水平

C. 发动机的压缩比　　D. 负荷率的大小

2. 变速器挡位增多，则（　　）。

A. 动力性提高，燃料经济性提高

B. 动力性提高，燃料经济性下降

C. 动力性下降，燃料经济性提高

D. 动力性下降，燃料经济性下降

3.（　　）措施不会降低燃料消耗率。

A. 提高发动机压缩比　　B. 减少挡位，采用低速挡行驶

C. 减轻汽车装备质量　　D. 采用子午线轮胎

四、简答题

1. 汽车结构因素对燃料消耗量的影响有哪些？

2. 汽车使用因素对燃料消耗量的影响有哪些？

任务3 汽车燃料经济性的检测设备

一、填空题（将正确答案填写在横线上）

1．容积式油耗检测仪的检测原理是测量发动机运转时累计消耗的______________、汽车____________和____________，然后将三者换算成汽车的______________。

2．容积式油耗检测仪分为________和________两种。

3．定容式油耗检测仪主要用于汽油发动机的________试验，它通过测量消耗一定容积的燃料所需的时间来计算______________，因此不能用于____________的测量。

4．容量式油耗检测仪可以连续测量，按结构分为___________式、_____________式和______________式等。

5．四活塞联动式油耗检测仪具有____________、____________、______________、适合道路试验的优点。

6．油路中产生空气时，油耗检测仪把空气所占的容积当作______________计算，使检测数据________实际数据，造成结果失真。

二、判断题（正确的打“√”，错误的打“×”）

1．定容式油耗检测仪主要用于汽油发动机的道路试验。（ ）

2．膜片式油耗检测仪具有结构简单、密封性好、对燃料清洁性要求低的优点。（ ）

3．定容式油耗检测仪通过测量消耗一定容积的燃料所需的时间来计算燃料消耗量，可用于瞬时油耗的测量。（ ）

4．柴油车供油系与汽油车供油系不同，但油耗检测仪的油路连接方式相同。（ ）

5．车用油耗检测仪使用一段时间后，需要定期重新标定油耗检测仪系数。（ ）

三、选择题

1．常用的车用油耗检测仪是（ ）。

A．容积式　B．质量式　C．流量式　D．流速式

2．对电喷式发动机进行燃料消耗量检测时，气体分离器和油耗传感器应安装在（ ）之间。

A．燃油箱和电动燃油泵　　B．电动燃油泵和燃油滤清器

C．燃油滤清器和燃油分配管　　D．燃油分配管和燃油压力调节器

3．检测汽车燃料经济性时，柴油机上的气体分离器和油耗传感器应安装在（　　）之间。

A．柴油箱和输油泵　　B．输油泵和柴油滤清器

C．柴油滤清器和喷油泵　　D．喷油泵和喷油器

四、简答题

1．为了准确测量汽车的燃料消耗量，在安装和使用油耗检测仪时应注意哪些？

2．如何排除油路中的空气？

任务4　汽车燃料经济性的检测

一、填空题（将正确答案填写在横线上）

1. 汽车燃油消耗量可以通过________试验或________试验测得。

2. 当试验车速一定时，通过底盘测功机测得试验________和________，通过油耗检测仪测得相应油耗，这样可以折算出汽车等速行驶的百千米燃油消耗量（L/100 km）。

3. 若用加载装置来模拟汽车此时的行驶阻力，汽车驱动轮的输出功率应等于底盘测功机____________的加载功率与底盘测功机______________________的功率之和。

4. 多工况百千米油耗的台架试验需要在具有模拟汽车行驶动能的____________，并采用自动控制的综合式底盘测功机上，按规定的____________进行。

5. 飞轮的转动惯量应根据被检汽车______________与底盘测功机检测时____________________相等的原则确定。

6. 燃料消耗量的道路试验与台架试验相比，需要有良好的____________条件和____________条件。

二、判断题（正确的打"√"，错误的打"×"）

1. 等速百千米油耗的台架试验是利用底盘测功机和油耗检测仪配合使用完成的。（　　）

2. 我国对载货汽车、城市公共汽车和乘用车提出了相应的燃料经济性试验规范。（　　）

3. 测量汽车燃料消耗量时，同一试验车连续测量2次，取两次试验中的最大值为最终结果。（　　）

4. 在测量燃料消耗量时，若速度变化超过 ±5%，冷却液、机油和燃油温度变化应不超过 ±3 ℃。（　　）

三、简答题

1．等速百千米油耗的台架试验需要具备哪些检测条件？

2．进行等速百千米油耗的台架试验时，应注意哪些安全注意事项？

模块四　汽车制动性能检测

任务1　汽车制动性能的评价指标及检测标准

一、填空题（将正确答案填写在横线上）

1．制动性能的好坏直接关系到________________，性能良好、可靠的制动系统可以保证______________，避免______________。

2．评价制动性能的指标有___________、___________、____________和____________。

3．当汽车质量一定时，汽车制动力越大，汽车的__________________就越大，汽车的________________就越好。

4．制动力的检查包括_______________________，前后轴的______________是否合理、____________是否平衡等。

5．对制动作用影响较大的是________________和________________。

6．制动时，制动协调时间越短，____________越短，汽车____________越好。

7．路试检验汽车制动性能包括________________检验、________________检验。

8．机动车行车制动性能检验和驻车制动性能检验应在__________、__________、__________、干燥且轮胎与地面间的附着系数大于或等于0.7的__________或__________路面上进行。

9．台试检测制动性能的方法有__________法、____________法和______________法，常用的方法是__________法。

10．对机动车台试检验制动性能结果有异议的，在空载状态下按____________。对空载状态路试复检结果有异议的，以____________复检结果为准。

二、判断题（正确的打“√”，错误的打“×”）

1．汽车制动距离是指制动器开始起作用到汽车停止时行驶的距离。（　　）

2．制动距离越短，汽车制动性能越好。（　　）

3．常用制动距离作为路试检测制动性能的评价指标。（　　）

4．制动时，汽车充分发出的平均减速度越大，说明汽车制动力越大，汽车的制动性能就越好。（　　）

5．汽车制动力能反映汽车制动系统的技术状况，能体现汽车制动过程的实质，它是评价汽车制动性能最本质的检测指标。（　　）

6．制动协调时间作为检测制动力或制动减速度时的一个辅助检测项目。（　　）

7．机动车应设置足以使其减速、停车和驻车的制动系统或装置，且行车制动的控制装置与驻车制动的控制装置应相互独立。（　　）

8．车辆应具有完好的行车制动系，行车制动应采用单回路或双回路。（　　）

9．制动器应有磨损补偿装置。（　　）

10．报警装置的失效不应导致制动系统完全丧失制动性能。（　　）

三、选择题

1．制动距离是指紧急制动时，从（　　）起到完全停车为止，汽车所驶过的距离。

A．驾驶员发现紧急情况时　　B．驾驶员踩到制动踏板时

C．制动器起作用时　　D．制动液有压力时

2．对于乘用车，空载时，制动力总和与整车重量的百分比（　　）。

A．大于或等于 50%　　B．大于或等于 60%

C．大于或等于 70%　　D．大于或等于 80%

3．对于乘用车，满载时，制动力总和与整车重量的百分比（　　）。

A．大于或等于 50%　　B．大于或等于 60%

C．大于或等于 70%　　D．大于或等于 80%

4．对于乘用车，前轴制动力与轴荷的百分比（　　）。

A．大于或等于 60%　　B．大于或等于 40%

C．大于或等于 30%　　D．大于或等于 20%

5．对于乘用车，后轴制动力与轴荷的百分比（　　）。

A．大于或等于 60%　　B．大于或等于 40%

C．大于或等于 30%　　D．大于或等于 20%

6．对于液压制动的汽车，制动协调时间应小于或等于（　　）s。

A．0.30　　B．0.35　　C．0.60　　D．0.80

7. 进行制动力检验时，汽车、汽车列车各车轮的阻滞力均应小于或等于该轮荷的（　　）。

A. 5%　　B. 8%　　C. 10%　　D. 15%

四、名词解释

1. 汽车的制动性能

2. 制动距离

3. 制动协调时间

五、简答题

1. 汽车制动性能的评价指标有哪些？各有什么意义？

2. 简述平均减速度 *MFDD* 大小的意义。

任务 2　汽车制动的理论分析

一、填空题（将正确答案填写在横线上）

1. 制动的全过程包括驾驶人发现信号后__________、__________、__________和__________四个阶段。

2. 制动器的制动力首先决定于__________，即决定于__________、__________、制动器摩擦副的__________及车轮半径。

3. 制动力的数值取决于两个摩擦副的作用，一个是____________________，另一个是__________。

4. 只有汽车具有足够的__________，同时地面又能提供足够的__________时，才能获得足够的制动力。

5. 制动过程的实质是把汽车的__________通过制动器转化为__________。

6. 汽车涉水后，由于制动器被水浸湿而产生润滑作用，使制动器摩擦副的__________降低导致__________下降，这种现象称为制动性能的__________现象。

7. 车辆的制动稳定性差主要表现为__________和__________。

8. 从保证汽车方向稳定性的角度出发，最理想的制动是避免车轮__________，以确保制动时的__________。

二、判断题（正确的打“√”，错误的打“×”）

1．为了使汽车具有良好的制动性能，制动器必须能产生足够的制动力矩。（　　）

2．制动器制动力矩越大，产生的制动力就一定越大。（　　）

3．路面附着系数在汽车制动过程中是常数。（　　）

4．滑移率说明车轮在不同运动状态时车轮滑动所占成分的比例，滑移率越大，滑动越多，制动强度越大。（　　）

5．制动抗热衰退性是衡量制动性能恒定性的主要指标。（　　）

6．制动稳定性通常用制动时汽车按给定轨迹行驶的能力来评价。（　　）

7．汽车制动时，转向轮制动器的制动力不相等时，更容易引起制动跑偏。（　　）

8．后轮侧滑和失去转向能力没有任何关系。（　　）

三、选择题

1．汽车制动力直接来源于（　　）。

A．制动踏板　　B．地面

C．制动蹄与制动鼓　　D．驻车制动器

2．左右车轮制动器的技术状况不均衡，会引起（　　）。

A．制动失效　　B．制动不足　　C．制动跑偏　　D．制动迟缓

四、名词解释

1．滑移率

2．汽车制动抗热衰退性

3．制动稳定性

4．制动跑偏

5．制动侧滑

五、简答题

1．简单分析汽车的制动过程。

2．汽车制动过程中车轮有哪几种运动状态？

3．汽车制动时，跑偏的原因有哪些？

任务3　影响汽车制动性能的主要因素

一、填空题（将正确答案填写在横线上）

1．汽车制动性能与______________及其____________有关。

2．制动防抱死装置（ABS）在汽车紧急制动时，能防止车轮____________，使车轮处于____________为____________的状态。

3．车轮制动器的摩擦副、制动鼓的构造和材料，对于____________和____________________有很大影响。

4．当汽车轮胎胎纹深度小于1.6 mm时，不仅会减小__________，还会降低轮胎__________和__________，使轮胎与地面之间的摩擦力__________，汽车的制动距离会__________。

5．在光滑路面上不可猛踩制动踏板，以免因制动力过大而超过地面的____________，导致汽车________。

二、判断题（正确的打“√”，错误的打“×”）

1．制动防抱死装置（ABS）使汽车在制动时不仅有较强的抗后轴侧滑能力，保证汽车行驶的方向稳定性，而且使汽车具有良好的转向操纵性。（　　）

2．同一汽车，装载质量和方式不同时，其重心位置会变动，但不会影响汽车的制动距离。（　　）

3. 不同结构形式的制动器，制动效率相同。（ ）

4. 制动器的间隙过大，制动反应时间将延长，汽车的制动距离将增加。（ ）

5. 左右车轮制动器的技术状况不均衡，将引起汽车制动时跑偏。（ ）

6. 制动初速度高时，需要通过制动消耗的运动能量也大，制动距离会延长。（ ）

7. 紧急制动时，应松脱发动机与传动系统的连接。（ ）

8. 制动时，迅速、交替地踩下和放松制动踏板，可提高制动效果。（ ）

9. 紧急制动时，驾驶员急速踩下制动踏板，制动系统的协调时间将缩短，制动距离缩短。（ ）

三、选择题

汽车制动系统用来调节前后车轮制动力的压力调节装置有（ ）。

A. 限压阀　　B. 比例阀

C. 载荷控制比例阀　　D. 以上都是

四、简答题

1. 影响汽车制动性能的主要因素有哪些？

2. 轮胎胎纹深度对汽车行驶有哪些影响？

任务4　汽车制动性能的检测

一、填空题（将正确答案填写在横线上）

1．机动车可以通过路试或台试检测__________、__________或__________来判断制动性能。

2．台架试验法与道路试验法相比，具有迅速、准确、经济、安全、__________以及__________且能定量地指示出__________等优点。

3．反力式滚筒制动试验台主要由__________、__________、__________、__________、举升装置、指示装置等组成。

4．平板式制动试验台是集__________、__________、__________和悬架效率等四项功能于一体的多功能检测设备，属于__________制动试验台。

5．平板式制动试验台主要由__________、__________、辅助装置等组成。

6．汽车制动性能的路试检测方法有__________法和__________法。

二、判断题（正确的打“√”，错误的打“×”）

1．反力式滚筒制动试验前应做好试验台的准备工作，滚筒表面应干燥，无异物及油污。（　　）

2．平板式制动试验台是一种高速动态式制动试验台，其检测的是各车轮的制动力。（　　）

3．平板式制动试验台不仅能检测整车制动效果，还可以检测各车轮的制动力和轴荷。（　　）

4．平板式制动试验台不需模拟加载汽车的转动惯量，结构简单。（　　）

5．平板式制动试验占地面积不大，有利于流水作业。（　　）

6．路试法检测汽车制动性能的特点在于能够直观、简便、真实地反映汽车在实际行驶过程中的动态制动性能。（　　）

7．路试法检测汽车制动性能可以综合反映汽车其他系统的结构性能对汽车制动性能的影响。（　　）

8．路试检测常用的仪器是第五轮仪。（　　）

9. 路试时，要求有良好的道路及气候条件。（ ）

10. 路试检测与台试检测相比，其检测速度较快、检测效率高。（ ）

11. 制动减速度法检测的 *MFDD* 与瞬时减速度相比具有良好的稳定性，其重复性较好，检测精度较高。（ ）

12. 制动减速度法检测的 *MFDD* 能反映整车的制动效果，也能反映各个车轮制动器的技术状况。（ ）

三、选择题

1. 反力式滚筒制动试验台的主要检测参数是（ ）。

A. 制动距离　B. 制动时间　C. 制动力　D. 制动减速度

2. 应用较广泛的制动试验台类型是（ ）制动试验台。

A. 单轴反力式　B. 双轴反力式　C. 双轴惯性式　D. 平板式

3. 用平板式制动试验台检测时，被测车辆应以（ ）km/h 的车速驶上检测平板。

A. 3~6　B. 4~8　C. 5~10　D. 10~15

四、简答题

1. 简述用平板式制动试验台检测的特点。

2．简述制动减速度法的检测方法。

模块五　汽车操纵稳定性检测

任务 1　汽车操纵稳定性的评价指标及检测标准

一、填空题（将正确答案填写在横线上）

1. 影响汽车操纵稳定性的因素很多，有________方面的因素，也有_______方面的因素。

2. 对于车辆的操纵稳定性，结构方面的影响因素是在__________时需要特别注意的问题；车辆使用方面的影响因素是在__________以后至关重要的。

3. 当车轮偶然受到外力作用或转向盘稍微转动而_____________时，转向轮应有__________恢复__________的能力。

4. 车辆只有在转向轮稳定时，才能_________、减少__________和__________的磨损。

5. 转向轮的振动会降低汽车的操纵性与方向稳定性，增加____________，同时也增加了转向机构的________，降低零件的__________，严重影响__________。

6. 转向轮的摆动与车辆悬架系统的技术状况、__________、__________等有密切关系。

7. 转向盘最大自由转动量数值的大小反映了整个转向系统的__________，设计该参数的目的是为驾驶员_____________，该数值的大小与_____________相关。

8. 转向系统的技术状况常用转向盘____________和转向盘____________来检测。

9. 最小转弯直径与汽车的_______、_______及转向轮的__________直接相关。

二、判断题（正确的打“√”，错误的打“×”）

1. 车辆的操纵性和稳定性紧密相关。操纵性差，汽车的稳定性就会被破坏；稳定性差，汽车则会失去操纵性。（　　）

2. 转弯直径的大小不会直接影响车辆的机动性。（　　）

3. 转向轮越稳定，汽车向前直线行驶的性能越好，操纵越轻便。（　　）

4. 转向轮具有稳定效应，可增加驾驶员的紧张程度。（　　）

5. 适当降低轮胎气压，可增加轮胎的吸振能力。（　　）

6. 转向轮定位若不合理，会使转向轮侧滑过大，导致车轮高速行驶时发生摆振。（　　）

7. 若车轮不平衡，高速行驶时车轮必然跳动。（　　）

8. 当左右车轮都不平衡，且不平衡质量处于对称位置时，振动会更为严重。（　　）

9. 汽车转向操纵力的大小直接影响驾驶人操纵汽车转向的轻便程度。（　　）

10. 转向系统的技术状况常用转向盘自由转动量和转向盘转向操纵力的大小来检测。（　　）

11. 汽车的最小转弯直径和转弯通道圆直径是汽车的机动性参数，其大小影响汽车的通过性。（　　）

12. 转向轮的左右极限转角一般会有所不同。（　　）

13. 转弯直径越小，汽车通过狭窄弯曲地带或绕开不可越过的障碍物的能力就越强、越灵活。（　　）

14. 汽车轴距、轮距越大，最小转弯直径也越大。（　　）

15. 转向轮的极限转角越大，最小转弯直径越大。（　　）

三、选择题

1. 汽车的稳定性与汽车的（　　）有关。

A. 制动性能　　B. 转向特性　　C. 经济性能　　D. 操纵性能

2. 下列（　　）措施可减小转向轮的摆动，提高汽车直线行驶的稳定性。

A. 减小悬架下前轴系统的转动惯量，提高角振动的固有频率

B. 改善路面状况，提高路面的平整度

C. 适当降低轮胎气压，增加轮胎的吸振能力

D. 以上都是

四、名词解释

1. 汽车的操纵性

2．汽车的稳定性

3．转向操纵的轻便性

4．转向轮的稳定效应

5．转向盘转向操纵力

6．转向盘自由转动量

五、简答题

1．影响汽车操纵稳定性的因素有哪些？

2．简述最小转弯直径的意义。

任务2　汽车侧滑量的检测

一、填空题（将正确答案填写在横线上）

1．车轮定位参数不正确，会引起车轮因承受__________而发生侧滑。其中，____________和____________两参数对车轮侧滑的影响最大。

2．侧滑检验台是测量汽车__________________是否合格的一种检测设备。

3．汽车侧滑量的大小与车轮前束和______________是否匹配有关。检测汽车__________________可以判断车轮前束与车轮外倾角是否匹配。

4．转向轮外倾角的作用是提高转向轮的__________________，并使________________。

5．为减少和消除车轮外倾造成的轮胎磨损，对于没有_________________的车轮均设有____________。

6．汽车车轮侧滑检验台是使汽车在滑动板上驶过时，用测量侧滑板______________的方法来测量车轮侧滑量的________和________，并判断是否合格的一种检测设备。

7．对前轴采用非独立悬架的汽车，其转向轮的______________用侧滑检验台检验时车速应小于或等于__________ m/km。

二、判断题（正确的打“√”，错误的打“×”）

1．转向前轮外倾后，车轮在向前滚动时，滚动的车轮会有向内滚开的趋势。（　　）

2．若转向前轮仅有外倾角，当汽车前进通过可以左右自由滑动的滑动板时，滑动板会向内侧滑动。（　　）

3．车轮具有前束后，在车轮向前滚动时，车轮会有向内滚动的趋势。（　　）

4．车轮定位中，车轮外倾与前束同时存在。（　　）

5．若车轮外倾与前束配合得当，车轮在向前滚动过程中，可处于向前直行的纯滚动状态且无侧滑现象。（　　）

6．如果车轮外倾与前束配合不当，则两者产生的对车轮的侧向力会失去平衡，车轮将会向侧向力大的一侧滑动。（　　）

7．检测侧滑量时，车辆通过侧滑检验台时，不得转动方向盘。（　　）

8．检测侧滑量时，不得在侧滑检验台上制动或停车。（　　）

9．车轮侧滑量超标，说明车轮外倾与前束匹配不当，应加以调整。（　　）

10．车轮侧滑的原因是紧急制动时车轮“抱死”。（　　）

三、选择题

汽车以（　　）km/h 的车速平稳驶向侧滑检验台侧滑板，使前轮（或后轮）平稳通过滑动板。

A．1~3　　B．3~5　　C．5~8　　D．8~10

四、简答题

1．简述车轮外倾与车轮前束的作用。

2．简述车轮侧滑量的检测步骤。

任务 3　车轮动平衡的检测

一、填空题（将正确答案填写在横线上）

1．静不平衡的车轮，其重心与___________不重合，在旋转时产生__________。

2．车轮的转速越高，静不平衡点的___________越大，静不平衡点的质量离车轮旋转中心的___________越远，离心力越大。

3．消除车轮静不平衡的方法是：在车轮适当位置加一平衡块，使平衡块质量和______________所产生的离心力大小________，方向________。

4．动不平衡的车轮高速转动时，会产生较大的___________或__________，造成车轮___________或___________，出现不平衡的现象。

5．消除车轮动不平衡的方法是：在轮辋内外侧两平面适当位置，加装适当质量的__________。

6．动平衡的车轮肯定是___________的，而静平衡的车轮却不一定是___________的，因此，对车轮一般进行___________检测。

7．按检测方式不同，车轮不平衡的检测方法可分为__________检测和__________检测。

8．就车检测车轮不平衡值异常且难以平衡时，应考虑检查___________________的情况，如__________或__________的变形及动平衡状况等。

二、判断题（正确的打“√”，错误的打“×”）

1．进行车轮静平衡试验时，用手轻转车轮，若车轮经几次转动自然停转后所作标记的位置各不一样，则车轮是静平衡的。（　　）

2．当左右车轮的不平衡质量处于相对 180° 的位置时，前轮摆振最为严重。（　　）

3．因交通事故而严重变形的轮辋或轮胎表面大面积剥离的车轮是不能上机进行平衡作业的。（　　）

4．进行车轮动平衡试验时，必须将轮胎气压充至汽车制造厂规定的气压值。（　　）

5．进行车轮平衡试验时，仅给出检测结果并判定是否合格即可，不进行校正操作。（　　）

6．车轮动不平衡量不超过 10 g 即为合格。（　　）

三、选择题

1．高速行驶的汽车，若车轮不平衡，会引起车轮跳动和摆振，同时还会影响汽车行驶的平顺性和（　　）。

A．转向特性　　B．操纵稳定性　　C．机动性　　D．通过性

2．下列（　　）不是车轮不平衡引起的现象。

A．高速行驶时，车头上下跳动

B．高速行驶时，车头左右摇摆

C．轮胎剧烈磨损

D．转向沉重

3．下列（　　）不是引起车轮不平衡的原因。

A．车轮因碰撞造成的变形引起质心位移

B．胎面局部磨损不均匀

C．车轮内安装了胎压传感器

D．前束过大

4．在车轮动平衡机上做车轮动平衡试验时，经过反复平衡试验直至不平衡量（　　）g 时方为合格。

A．<5　　B．<10　　C．>5　　D．>10

5．用就车式车轮平衡机检测从动前轮的动平衡时，将传感磁头吸附在经过擦拭的（　　）。

A．转向节下　　B．制动底板边缘平整处

C．悬架下　　D．前轴下

四、名词解释

1. 车轮的静平衡

2. 车轮的动不平衡

五、简答题

1. 简述车轮静平衡的简单检验方法。

2. 简述引起车轮不平衡的主要原因。

3．简述就车式动平衡检测的特点。

任务4　车轮定位的检测

一、填空题（将正确答案填写在横线上）

1．前轮定位参数是指________、________、________和________；后轮定位参数主要是指________、________。

2．车轮定位参数是车辆技术状况的重要诊断参数，其正确与否对汽车的________、________有着至关重要的作用。

3．当汽车________或________时，需要进行车轮定位检测。

4．前轮前束可通过改变________来调整。调整时，可根据各厂家规定的测量位置，使两轮________符合所规定的前束值。

5．________使车轮在满载时能与地面垂直，且承受车架传来的重力作用点较合理，使负荷均衡，但又因此产生了车轮前进中的向外展开的________，所以又要设置________，以抵消前轮的________。

6．通过四轮定位仪对定位参数的检测和调整，可增加车辆直线行驶时的________，同时能维持车辆的直线行驶，转向后转向盘能____________，从而改善______________。

7．为减少____________及________________对检测精度的影响，四轮定位仪设计了偏心补偿功能，以补偿____________________。

二、判断题（正确的打“√”，错误的打“×”）

1．主销内倾角、车轮外倾角和包容角的变化，可以帮助判断悬架系统的主要构件是否完好。（　　）

2．正的外倾角应有正的前束来保证车轮向正前方滚动。（　　）

3．四轮定位检测前，应检查轮胎气压是否符合规定、轮胎尺寸是否一致。（　　）

4．全部定位参数检测、调整合格后，能够减少轮胎磨损、悬架系统磨损和降低燃油消耗等。（　　）

5．四轮定位仪设计了偏心补偿功能，以补偿双侧车轮的同轴度。（　　）

6．轮胎气压是否符合规定、轮胎尺寸是否一致、轮辋是否严重变形、车轮轴承间隙是否正常等，对四轮定位检测数据无影响。（　　）

三、选择题

1．下列（　　）不是使汽车操纵稳定性发生恶化的现象。

A．转向沉重，驾驶员容易疲劳

B．直线行驶时，容易发生前轮摆振，转向盘摇摆不定

C．汽车制动距离变长

D．转向后转向盘自动回正能力变弱，驾驶员失去路感

2．一般乘用车后轮的定位参数有（　　）。

A．前束、主销后倾角　　B．前束、车轮外倾角

C．车轮外倾角、主销后倾角　　D．车轮外倾角、主销内倾角

3．下列（　　）不是前轮定位不准确引起的现象。

A．转向沉重　　B．转向灵敏性差

C．轮胎磨损严重　　D．转向回正性差

4．转向轮有前束后，在滚动过程中（　　）。

A．有向内收拢的趋势　　B．有向外张开的趋势

C．有沿直线方向滚动的趋势　　D．没有任何影响

5. 转向轮有外倾角的存在，在滚动过程中（　　）。

A．有向内收拢的趋势　　B．有向外张开的趋势

C．有沿直线方向滚动的趋势　　D．没有任何影响

四、名词解释

1．主销后倾角

2．主销内倾角

3．车轮外倾角

4．前轮前束

五、简答题

1．简述车轮定位参数之间的关系。

2．简述四轮定位仪检测的特点。

任务5　悬架系统工作性能的检测

一、填空题（将正确答案填写在横线上）

1．汽车悬架系统中的减振器对汽车____________、_____________、_____________和_____________的影响很大。

2．汽车悬架系统的___________或__________损坏后，使车轮和道路的___________变差。

3．汽车悬架系统工作性能的主要评价指标有_____________和_________________。

4．当汽车悬架系统减振器阻尼下降较多时，行驶中车轮离地的概率会增加，导致轮胎与道路的_______________，_____________，____________________。

5．影响汽车平顺性的因素主要有汽车___________和___________两个因素。

6．对最大设计车速大于或等于100 km/h、轴载质量小于或等于1 500 kg的载客汽车提出悬架特性要求，其轮胎在激励振动下测得的车轮接地性指数应_____________，同轴左右车轮接地性指数之差不得________________。

7．悬架系统工作性能检测的结果满足____________的限值，评定为合格；不满足标准规定的限值，评定为__________。对不合格的车辆应进行________、________，直至检测合格为止。

8．汽车悬架系统工作性能的检测方法有__________、_______________。

二、判断题（正确的打“√”，错误的打“×”）

1．悬架系统中最易发生故障的部件是弹簧。（　　）

2．车轮接地性指数越大，表明汽车悬架系统的工作性能越好。（　　）

3．悬架质量主要由悬架弹簧上的车轮和车轴组成。（　　）

4．现代汽车多采用非线性悬架，其刚度可随载荷的变化而变化。（　　）

5．悬架的阻尼主要来自于减振器、钢板弹簧叶片和轮胎变形时橡胶分子间的摩擦等。（　　）

6．减小非悬架质量可降低车身的振动频率、提高车轮的振动频率，从而使高频共振现象出现在以更高的行驶速度行驶时，有利于车辆的平顺性。（　　）

7．缩短轴距对汽车平顺性的改善是非常有利的。（　　）

8．与汽车质量中心的距离越大，车身振动对乘客的影响越大。（　　）

9．车轮接地性指数是在悬架系统检测台台面振幅为 10 mm 时测得的。（　　）

10．检测汽车悬架系统工作性能时，汽车轮胎的规格、气压应符合规定值，且车辆空载。（　　）

11．谐振式悬架系统检测台严禁做空载试验。（　　）

12．为保证谐振式悬架系统检测台的检测精度，传感器必须预热 30 min。（　　）

三、选择题

1．悬架系统减振器工作不正常时的现象有（　　）。

A．汽车在行驶中车身出现严重跳动　　B．弯道行驶时车身晃动加剧

C．制动时易发生跑偏或侧滑　　D．以上都是

2．悬架系统工作特性的评价指标是车轮接地性指数，也称吸收率。吸收率为（　　）时，表示汽车的悬架系统工作性能优良。

A．60%~80%　　B．70%~90%　　C．80%~90%　　D．90%~100%

3．一般情况下，当车轮接地性指数为（　　），可认为悬架系统技术状况较差。

A．20%~30%　　B．30%~50%　　C．45%~60%　　D．60%~100%

4．（　　）是具有非线性特性的弹性元件。

A．空气弹簧　　B．空气液力弹簧　　C．橡胶弹簧　　D．以上都是

5．悬架系统检测不合格的车辆，其可能的故障原因有（　　）。

A．减振器内部的轴磨损、阀片损坏、各密封处漏油等

B．减振器外部的紧固螺栓磨损、松动、脱落

C．悬架系统各连接部件磨损、松动

D．以上都是

四、名词解释

1．车轮接地力

2．车轮接地性指数

模块六　汽车前照灯检测

任务1　汽车前照灯性能的评价指标及检测标准

一、填空题（将正确答案填写在横线上）

1. 汽车前照灯诊断的主要参数是____________和________________。

2. 当前照灯发光强度不足或光束照射位置偏斜时，会造成夜间行车驾驶员____________，或使迎面来车的驾驶员________，将影响行车安全。

3. 应定期对前照灯的____________和________________进行检测、校正，为驾驶员提供良好的________________和____________，保证驾驶员的行车安全。

4. 在光源发光强度不变的情况下，物体离开光源________，被照明的程度________。

5. 前照灯就是一个光源，前照灯发光强度________，受光物体照得________，驾驶员能看清物体的距离就________。

6. 前照灯的_____________方向会影响驾驶员夜间行车的视野，影响汽车前方路面的____________，以及影响迎面来车驾驶员的视觉。

7. 前照灯的配光特性有____________和______________两种。

8. 良好的前照灯配光特性可以使其远光具有_____________、近光具有______________且__________。

二、判断题（正确的打“√”，错误的打“×”）

1. 在不计光源大小，即把光源看作点光源的情况下，照度与离开光源的距离成反比。（　　）

2. 正确的光束照射位置能使驾驶员夜间行驶、会车时看清前方的路面情况，确保行车安全。（　　）

3. 好的配光特性要求等照度曲线的分布在垂直方向宽、在水平方向窄，且左右对称，不偏向一边。（　　）

4. 典型的前照灯远光光束配光是一个上下、左右对称分布的亮斑，越靠近亮斑中心，其照度越大。 ( )

5. 汽车装备的前照灯应有远近光变换功能，当汽车远光变为近光时，所有远光应能同时熄灭。 ( )

6. 同一辆汽车上的前照灯不应左右的远近光灯交叉明亮。 ( )

7. 汽车前照灯光束照射位置在正常使用条件下应保持稳定。 ( )

8. 汽车应具有前照灯光束高度调整装置或功能，以根据装载情况对光束照射位置进行调整。 ( )

9. 采用四灯制的汽车，其中两个对称的前照灯达到两灯制的要求时视为合格。 ( )

10. 前照灯的远光灯应采用非对称配光特性。 ( )

三、选择题

1. 对于新注册两灯制的乘用车，前照灯远光光束发光强度的检测标准为（ ）cd。

A. 8 000　B. 10 000　C. 15 000　D. 18 000

2. 对于四灯制的在用汽车，每个灯的发光强度应大于（ ）cd。

A. 15 000　B. 12 000　C. 10 000　D. 8 000

四、名词解释

1. 发光强度

2. 照度

3. 配光特性

4. 对称配光特性

5. 非对称配光特性

任务 2　汽车前照灯性能的检测

一、填空题（将正确答案填写在横线上）

1. 检测前照灯性能时，可见距离________，越能得到准确的测量值。

2. 由于受到场地的限制，在用前照灯检测仪测量时，通常采用在前照灯前方______ m、______ m、______ m、______ m 的距离进行测量，并将该测量值折算为前照灯前方______ m 处的照度。

3. 用屏幕法检测前照灯光束照射位置时，检查用场地应________，屏幕与场地应________，被测车辆应空载、轮胎____________并仅乘坐 1 名驾驶员。

4. 机动车前照灯性能检验主要是对前照灯的____________和________________进行检查。

5. 前照灯性能检验宜采用前照灯检测仪进行，当对采用前照灯检测仪检测的________________的结果有质疑时，应采用__________再次进行检验，并以其检验结果为准。

6. 前照灯检验不合格有两种情况，一是______________________；二是______________________。

7. 根据检测标准，在调整________________时，对远近双光束前照灯以检测调整____________为主。

8. 如果制造质量合格的灯泡，近光调整合格后，远光光束一般也能合格；若____________调整合格后，经复核____________照射方向不合格，则应更换灯泡。

二、判断题（正确的打“√”，错误的打“×”）

1. 用屏幕法检测前照灯时，只能检测出光束的偏斜方向和偏斜量，不能检测发光强度。（　　）

2. 被照面上的照度可利用光电池的光生伏特效应检测。（　　）

3．当被照面上装有光电池时，受光照射后，其光照越强，照度越大，光电池产生的电动势就越大。（　　）

4．前照灯检测时，从前照灯检测仪的显示屏上可同时测量左右两侧远近光束的水平和垂直照射位置的偏移值。（　　）

5．光度计指针偏转经标定后，其指针偏转的大小可反映前照灯的发光强度。（　　）

6．前照灯检测时，为防止振动，发动机应处于熄火状态。（　　）

7．在前照灯检测仪正常的前提下，对前照灯光远近光检测影响最大的是车间环境和被测车辆的停车位置。（　　）

8．仅靠蓄电池供电，前照灯的发光强度就能达到规定标准。（　　）

三、选择题

1．前照灯检测仪主要是检测前照灯的（　　）。

A．发光颜色　　B．功率大小

C．发光强度和光轴偏斜量　　D．照射距离和范围

2．检测前照灯发光强度的传感器是（　　）。

A．光电池　　B．发光二极管　　C．光敏二极管　　D．聚光透镜

3．对汽车前照灯进行检测时，不应该处于以下（　　）状态。

A．发动机处于加速状态　　B．有一名驾驶员在车上

C．打开前照灯　　D．空载

四、简答题

1．简述发光强度的检测原理。

2．简述光轴偏移量的检测原理。

3．前照灯检测不合格的原因有哪些？

模块七　汽车环保性检测

任务 1　汽油车污染物排放的评价指标及排放限值

一、填空题（将正确答案填写在横线上）

1. 通过对发动机的____________进行检测，可评价发动机的技术状况，特别是____________和____________的技术状况。

2. 汽油车排放的污染物主要是____________、____________、____________及其他一些有害物质。

3. 汽油车排放污染物中，CO、HC、NO_X 和碳烟主要来源于汽车____________，少部分来自____________；部分 HC 还来自于油箱和供油系统的____________。

4. 汽车尾气排放的 CO 是由于输送至燃烧室的____________，以致燃油不能____________造成的（即混合气太浓）。

5. 降低尾气中 CO 浓度的最好方法是尽可能提高____________（使混合气变稀），使燃油____________。

6. 汽车排放污染物中，20%~25% 的碳氢化合物来自____________，20% 来自____________，其余则由发动机排气管排出。

7. 减少尾气中的 NO_X 含量的最好方法是降低燃烧室内的最高温度或者是缩短高温的____________，另一个可能的方法是____________。

8. 混合气的浓度常以____________或____________表示。

9. 点火提前时间由____________、____________和____________等决定。

10. 汽油车污染物排放的检测方法有____________法和____________法两种。

11. 怠速工况是指汽车发动机____________工况，即离合器处于____________位置、变速器处于____________位置、加速踏板处于____________位置。

12. 双怠速工况法检测具有____________、____________、____________、成本低、测试仪器便于携带等优点。

13．双怠速工况法适用于汽车检测机构对在用汽车排放性能的____________、环保部门对在用汽车进行的____________。

14．工况法的循环试验模式应根据汽车的___________、____________、____________、____________、车流密度和气候地形等因素，对大量统计数据进行科学分析而制定，以最大限度地重现汽车运行时的____________。

15．简易工况包含________工况、________工况和____________工况三种。

16．根据车辆规定车速时的加速负荷，通过______________对车辆加载，车辆保持____________即为加速模拟工况。

17．汽车尾气的遥感监测装置通过光源向道路对面的光学反光镜发送_________和________，光学反光镜会将光束反射到检测器中。

18．汽车尾气遥感监测可用于分析________________________及其________________，同时对高排放车辆进行自动筛选和监控。

二、判断题（正确的打“√”，错误的打“×”）

1．CO 是一种无色、无味的有毒气体，它进入人体后极易与血液中的血红蛋白结合。（　　）

2．CO 被人体大量吸入后会使人感觉恶心、头晕及疲劳，严重时会使人窒息死亡。（　　）

3．HC 只有在浓度相当高的情况下才会对人体产生影响，一般情况下作用不大。（　　）

4．适当提高怠速转速，可以降低 CO、HC 的排放浓度。（　　）

5．双怠速工况包含怠速和高怠速两个工况。（　　）

6．IG 195 测试过程涵盖车辆怠速、加速、减速、匀速等多种工况。（　　）

7．遥感监测装置需要接触被测车辆才能对重污染车辆进行鉴别。（　　）

8．遥感监测装置在特殊天气（如雷雨天、大风天）也能确保检测结果的准确性。（　　）

三、选择题

1．（　　）能引起光化学反应生成光化学氧化剂，且会生成甲醛，形成烟雾，对人的眼、鼻和咽喉黏膜有较强的刺激作用，严重时可致癌。

A. CO　　B. HC　　C. NO_2　　D. NO

2.（　　）是形成酸雨及光化学烟雾的主要物质之一，对人和植物的生长均有不良影响。

A. CO　　B. HC　　C. NO_2　　D. NO

四、名词解释

1. 工况法

2. 稳态工况

3. 瞬态工况

4. 简易瞬态工况

5. 过量空气系数

五、简答题

1. 为什么要检测汽车排放污染物的成分和浓度？

2．汽油车尾气中的主要污染物有哪些？各有什么危害？

3．简述汽车尾气遥感监测的原理。

任务 2　汽油车污染物排放的检测

一、填空题（将正确答案填写在横线上）

1. 不分光红外线气体分析法是基于某些待测气体对____________红外辐射能的吸收程度来测定其________的。

2. 汽车尾气中的 CO、HC、NO 和 CO_2 等气体，都具有能吸收一定波长范围________的性质。

3. 在检测 HC 含量时，由于排气中 HC 的成分非常复杂，因此要把各种 HC 成分的浓度换算成________________的浓度作为 HC 浓度的____________。

4. 气体分析仪是一种能从汽车____________中采集气样，并对其中所含________________________进行连续测量的仪器。

二、判断题（正确的打“√”，错误的打“×”）

1. 在各种气体混合的情况下，不分光红外线气体分析法具有测量值相互不受影响的特点。（　　）

2. 常见的四气体分析仪和五气体分析仪的区别在于五气体分析仪可检测一氧化碳（CO）。（　　）

3. 进行汽油车污染物排放的检测试验时，需要更换专用燃料。（　　）

4. 开始检测前，应对气体分析仪取样系统进行泄漏检查。（　　）

5. 检测汽油车怠速排放污染物时，要将发动机怠速转速和温度控制在规定范围内。（　　）

6. 取样探头、导管分为低含量用和高含量用两种，两者要分别使用。（　　）

7. 多部车辆连续检测时，可把取样探头从排气管里拍出直接进行下一辆车的检测。（　　）

8. 检测结束后，要立即把取样探头从排气管里抽出来。（　　）

9. 取样探头不用时要垂直吊挂，不要平放，以防管内的积水腐蚀取样探头。（　　）

10. 气体分析仪不要放置在湿度大、温度变化大、振动大或倾斜的地方。（　　）

三、选择题

1．五气体分析仪检测污染物排放的方法是（　　）。

A．不分光红外线气体分析法　　B．电化学电池法

C．电化学法　　D．以上都是

2．将双怠速工况法排放测试仪取样探头插入排气管中时，深度应不少于（　　）mm，并固定在排气管上。

A．200　　B．300　　C．400　　D．500

3．不分光红外线气体分析仪主要用于检测汽油车尾气中（　　）的含量。

A．CO、NO　　B．CO、HC　　C．HC、NO　　D．HC、CO_2

四、简答题

1．简述不分光红外线气体分析法的检测原理。

2．简述气体分析仪使用前的准备工作。

3．如何判定汽油车排放污染物的检测结果？

任务3　柴油车污染物排放的评价指标及排放限值

一、填空题（将正确答案填写在横线上）

1．柴油车排出的尾气中的主要污染物有______________、______________、______________、二氧化硫（SO_2）、三氧化硫（SO_3）和____________等。

2．和汽油车一样，生成 NO_X 需要的条件是________、________和较长作用时间。但由于柴油车在着火燃烧方面的特性，______________排放所占柴油车总排放量的比例较汽油机大。

3．柴油机在燃烧过程中，产生 NO_X 的区段有滞燃期的______________和缓燃期的______________。

4．研究表明，柴油机微粒和碳烟主要形成于缓燃期的______________和__________。

5．柴油机控制污染物排放采用了____________、____________、____________、废气再循环、直接喷水等有效措施。

6．排气后处理可避免燃烧产生的尾气直接排放到大气中，通过对___________等微粒的捕集或者通过__________________的方法处理尾气，使尾气中有害成分的含量进一步降低。

7．微粒捕集基本上是依靠在柴油机排气端安装的______________来实现。根据材质不同，过滤器可分为____________过滤器和______________过滤器。

8．催化转化法是使尾气中的 NO_X 在 300~400 ℃的温度下，以________或________为还原剂，在反应器中将 NO_X 还原为______和______。

9．催化转化法是有效控制 NO_X 排放的方法，缺点是______________、__________，并且需要__________________。

二、判断题（正确的打“√”，错误的打“×”）

1．柴油机低负荷时，混合气更稀，缸内温度低，HC 排放量随负荷减小而上升。（　　）

2．柴油车的微粒排放量比汽油车多几十倍。（　　）

3．对直喷式柴油机，排烟随转速提高而稍有降低。（　　）

4．柴油车的排烟随负荷增加而增加。（　　）

5．柴油车排出的微粒中对人体和大气环境危害最大的是 2.5 μm 左右的微粒，容易被人体吸入。（　　）

三、选择题

1．柴油机排出的主要微粒为碳物质（碳烟）和高分子量的有机物（润滑油的氧化和裂解产物），其直径为（　　）μm。

A．0.01~0.1　　B．0.1~1　　C．0.1~10　　D．1~10

2．柴油车排放污染物的控制措施（　　）。

A．改进柴油机燃烧过程　　B．处理柴油车的排气

C．提升燃油的品质　　D．以上都是

四、简答题

1．柴油车尾气中的主要污染物有哪些？

2．简述柴油车排出的尾气中碳烟的危害。

3．简述柴油车污染物排放的控制措施。

任务4　柴油车污染物排放的检测

一、填空题（将正确答案填写在横线上）

1. 对于柴油发动机汽车，选用__________________法和__________________法检测排气烟度。

2. 柴油车排烟的多少以________来表征。

3. 烟度计主要有__________烟度计和____________烟度计。

4. 滤纸式烟度计具有____________、____________、使用可靠、________________等优点，但滤纸式烟度计只能对尾气做____________，不能做连续测量。

5. 不透光式烟度计是根据光在排气中被烟气______________来测量烟度的仪器。不透光式烟度计可分为__________和__________两类。

6. 不透光式烟度计主要由____________、____________、____________、连接电缆等组成。

7. 不透光式烟度计可以对柴油车排烟进行____________，可以按排放法规的要求进行__________和__________工况下的烟度测量，在低烟度时也有较高的________________，可以用来研究柴油机____________的排放特性。

8. 自由加速工况是指柴油机在_________工况下，将加速踏板迅速踩到底，维持_________ s后松开。

9. 加载减速工况法测试设备主要包括______________、________________、氮氧化物分析仪和发动机转速传感器等，由________________集中控制。

10. 柴油车加载减速工况法进行排放检测由三部分组成：第一部分是______________________；第二部分是__________________________是否适合进行检测；第三部分是________________。

11. 用加载减速工况法检测时，每条检测线至少应设置三个岗位：一是______________岗位；二是__________________岗位；三是____________岗位。各岗位人员均应随时注意待检车辆在检测过程中是否出现____________。

二、判断题（正确的打“√”，错误的打“×”）

1．使用烟度计前，应给烟度计接通电源，预热 5 min。（　　）

2．车辆在未进行预处理的情况下，不可进行自由加速烟度试验。（　　）

3．烟度计的取样软管不能随意用其他型号的管子代替。（　　）

4．烟度计的测量装置内有灯泡和半导体光电元件，存放时要避免强光照射并防止振动。（　　）

5．滤纸和标准色纸要避免阳光暴晒，防止灰尘污染。（　　）

6．标准烟样必须定期检定，并且在有效期内使用。（　　）

7．对紧密型多驱动轴的车辆，或全时四轮驱动车辆等，不能进行自由加速检测，应进行加载减速工况检测。（　　）

8．不透光式烟度计至少两年检定一次，经检定合格后方可使用。（　　）

三、选择题

1．测量柴油车烟度时，把取样探头插入排气管内约（　　）cm 处，并用夹紧螺栓固定。

A．20　　B．30

C．40　　D．50

2．柴油车排气烟度的检测要求测 3 次，最终结果取（　　）。

A．3 次中的最大者　　B．3 次中的最小者

C．3 次测量值的中间值　　D．3 次测量值的平均值

四、名词解释

自由加速工况

五、简答题

1．简述烟度计使用的注意事项。

2．用自由加速法检测时，车辆需做哪些准备？

3．柴油车污染物排放的检测结果如何判定？

模块八　汽车噪声检测

任务1　汽车噪声的评价指标及检测标准

一、填空题（将正确答案填写在横线上）

1．汽车噪声具有__________，影响__________，干扰____________，危害较大。

2．噪声的振动是由大量不同频率的____________组成的，其特点是振动形式的____________，表现为________、________或统计上随机的振荡。

3．噪声的主要物理参数有________与__________、________与__________、声功率与声功率级。

4．________与__________是表示声音强弱的最基本的参数。

5．人耳对声音大小的感觉，与____________不成正比，而与声压的____________近似成正比。

6．在噪声测量中，通常是测定的__________。__________越大，表示声音越强。

7．人耳对声音的主观感觉不仅与________有关，而且还与声音的________有关。

8．从防止噪声对____________的角度出发，汽车喇叭噪声____________。但从保证行车安全的角度出发，汽车的喇叭必须有______________。

9．汽车噪声包括_________噪声、_____________噪声、_________噪声和____________噪声等。

10．汽车主要的噪声源可分为____________和____________。

11．车外噪声是交通噪声的______________；车内噪声关系到车辆乘坐的__________。

12．为了降低车内噪声，需在车内安装____________，并对发动机采取有效的_______________________。

13．轮胎胎纹的_______、_______、_________和_________等都会影响轮胎噪声的大小。

14．底盘噪声一般在汽车_______________时对汽车总噪声影响较大，且以___________为最大。

二、判断题（正确的打“√”，错误的打“×”）

1. 噪声不仅有声学方面的性质，还具有生理学、心理学方面的含义。（　　）
2. 噪声是一种声波，但不具有声波运动的特点和性质。（　　）
3. 声音的强弱取决于声压，声压越大听到的声音越强。（　　）
4. 常用声压级来表示声音的强弱。（　　）
5. 发动机系统是汽车最主要的噪声源。（　　）
6. 发动机转速越高，进气噪声越大。（　　）
7. 进气噪声是发动机噪声中最主要的部分。（　　）
8. 活塞与气缸壁的间隙越大，转速越高，噪声也就越大。（　　）

三、名词解释

1. 噪声

2. 计权网络

3. 噪声级

4. 频谱分析

5. 汽车定置噪声

四、简答题

1. 发动机噪声由哪几部分组成？

2. 简述轮胎噪声产生的原因。

任务2　汽车噪声性能的检测

一、填空题（将正确答案填写在横线上）

1. 声级计是一种在噪声测量中使用最为广泛的测量仪器，它能够按照________________近似地测定________噪声、________噪声和________噪声等噪声级。

2. 在汽车检测线上，对汽车噪声的检测一般只检测______________。综合检测报告单上还要求检查车辆的____________及__________________。

3. 声级计一般由__________、______________、过载指示器、____________、指示灯等组成。

4. 在检测汽车的喇叭声级和车内外噪声时，其____________、____________和____________应严格按照国家标准的有关规定进行。

5. 测量前，应根据被测声音大小将____________置于适当位置，如无法估计其大小，应先将____________置于__________。

6. 用声级计测量噪声之前，首先要进行________，否则难以保证测量数据的________________。

7. 检测汽车匀速行驶时的车外噪声，被测车辆应置于________挡位，节气门开度____________，以__________ km/h 的车速匀速驶过测量区。

二、判断题（正确的打“√”，错误的打“×”）

1. 在汽车检测线上，对汽车噪声的检测一般只检测喇叭噪声级。（　　）

2. 声级计使用前要预热 5~10 min。（　　）

3. 声级计的测量范围有 35~80 dB、60~105 dB 和 85~130 dB 三挡。（　　）

4. 检测汽车定置噪声时，待测车辆周边 3 m 内和声级计 3 m 内应无较大的反射物。（　　）

5. 检测汽车喇叭声级时，背景噪声和风噪声应比被测车辆喇叭的声级低至少 5 dB。（　　）

6. 检测汽车喇叭声级时，声级计最大灵敏度的中心线应垂直于喇叭的最高声级方向。（　　）

7. 检测车内噪声时，声级计应以最大灵敏度的方向水平指向车辆后方。 （ ）

三、选择题

1. 测量车外噪声时，要求背景噪声应比被测车辆噪声低至少（ ）dB。

A. 3　　B. 5　　C. 10　　D. 15

2. 排气噪声测量时，应对每一个排气口重复测量，直到连续 3 次测量数据的变化范围在（ ）dB 之内为止。

A. 1　　B. 2　　C. 3　　D. 4

四、简答题

1. 简述声级计的校准方法。

2．简述汽车喇叭声级检测的基本条件。

模块九　汽车车速表检测

任务1　汽车车速表误差及检测标准

一、填空题（将正确答案填写在横线上）

1. 磁感应式车速表利用磁感应的作用，使汽车运行时表盘上的指针摆角与__________________成正比，从而指示出汽车行驶的____________。

2. 检测车速表的示值误差，须采用______________________。

3. 汽车在使用过程中，车速表产生误差的原因主要有______________________、__________________________和______________等。

4. 电子式车速表获取车速信号是通过安装在变速器处的各种车速传感器，如__________车速传感器、______________车速传感器、____________车速传感器等获得反映汽车车速的____________，再通过电子电路驱动车速表。

5. 在变速器输出轴转速不变的情况下，车速表的指示值为__________，与__________的变化无关。

6. 汽车实际行驶速度会因________________的变小而变小，因此车速表指示值与____________会形成误差。

7. 由于轮胎的磨损引起的车速表__________误差，可通过____________来消除。

二、判断题（正确的打"√"，错误的打"×"）

1. 车速表长期使用后，其指示误差会越来越大。（　　）

2. 当车速表的指示误差太大时，不仅会使驾驶员在限速路段行驶时难以正确控制车速，而且极易使驾驶员错误地判断汽车的行驶情况，对行车安全非常不利。（　　）

3. 为确保车速表的指示精度，必须适时对车速表进行检测和校正。（　　）

4. 电子式车速表通常是一个电磁式电压表。（　　）

5. 汽车实际行驶速度会因轮胎滚动半径的变小而变大。 (   )

6. 车速表指示值失准的原因与轮胎的状况无关。 (   )

三、选择题

国家标准《汽车用车速表》(GB 15082—2008)中规定，车速表指示车速 v_1(km/h)与实际车速 v_2(km/h)之间应符合(   )。

A. $0 \leqslant v_1-v_2 \leqslant (v_2/10)+4$

B. $v_1-v_2 \leqslant (v_2/10)$

C. $v_1-v_2 \leqslant (v_2/10)+4$

D. 以上都不是

四、简答题

1. 简述进行车速表指示值误差检测的原因。

2. 简述车速表误差的检测标准。

任务2　汽车车速表误差的检测

一、填空题（将正确答案填写在横线上）

1. 按有无驱动装置，车速表检测台可分为________与________两种。若将具有车速表检测功能的各种检测台也归入其中，还包括________车速表检测台。

2. 标准型车速表检测台是指本身不带________________，依靠______________进行驱动的车速表检测台。

3. 标准型车速表检测台主要由__________装置、__________装置、__________装置和安全保护装置等组成。

4. 标准型车速表检测台只适用于检测那些车速表由_______________的车辆，不能检测车速表由_______________的车辆。

5. 驱动型车速表检测台的__________与滚筒之间通过离合器相连，离合器起______和______的作用。

6. 车速表指示误差的检测方法有__________法和_____________法两种。

7. 道路试验法是汽车以_______________通过某一预定长度的试验路段，测定通过该路段的____________，可计算出__________，并与驾驶室内车速表的指示值相对照，即可求出不同车速下车速表的_____________。

8. 为消除车速表_______________和__________形成的指示误差，应借助于______________适时地对车速表进行检验。

二、判断题（正确的打“√”，错误的打“×”）

1. 驱动型车速表检测台除带有驱动装置以外，其他组成结构基本上与标准型车速表检测台相同。（　　）

2. 标准型车速表试验台结构简单、价格便宜、应用广泛。（　　）

3. 驱动型车速表检测台的优点是检测范围广，能检测除极个别汽车外的各种车辆的车速表。（　　）

4. 被测车辆的轮胎气压应符合汽车制造厂的规定，以免引起检测误差。（　　）

5. 用挡块抵住位于车速表检测台滚筒之外的一对车轮的后方，以防检测时汽车驶出检

测台发生意外事故。（ ）

6. 车速表测试后，升起举升器，去掉挡块，汽车驶离检测台。（ ）

7. 对于驱动型车速表检测台，要注意滚筒所能驱动的车轮负荷，严禁超载。（ ）

8. 被测汽车如需连续进行高速试验，为防止轮胎产生驻波现象，可适当降低轮胎气压。（ ）

9. 车速表检测台滚筒表面应保持清洁、干燥，防止泥、水、油污等进入。（ ）

10. 车速表检测台在不检测时，可以用于停放车辆或放置重物。（ ）

三、简答题

1. 车速表指示误差检测前需要做哪些准备工作？

2. 如何分析车速表指示误差检测结果？

模块十　汽车防雨密封性检测

任务1　客车防雨密封性的检测

一、填空题（将正确答案填写在横线上）

1．良好的防雨密封性，可保证车厢内干燥、清洁、舒适，使乘坐人员保持良好的____________，并使驾驶员___________，保证___________。

2．汽车防雨密封性的检测设备为_______________。

3．客车防雨密封性检验时，车身________、________、________及顶部各受检部位均应处于___________。带行李舱的客车，其___________也应处于淋雨状态。

4．检验客车防雨密封性时，启动淋雨设备，待淋雨状态稳定后开始试验，试验时间为________ min。

二、名词解释

1．客车防雨密封性

2．平均淋雨强度

任务2　乘用车防雨密封性的检测

一、填空题（将正确答案填写在横线上）

1．乘用车的淋雨检测线主要用来模拟____________降雨，用来检测乘用车的____________性能。

2．乘用车的淋雨检测线主要由房体、____________、________系统、____________系统、______________系统和防火系统等组成。

3．淋雨控制系统可以通过________和__________控制调整雨量，系统调节__________，抗干扰能力强。

4．车辆喷淋后要吹干车身上的水。吹干有__________和__________两种形式。采用热风吹干方式的，是通过燃烧____________提供热能的方式实现。

二、判断题（正确的打“√”，错误的打“×”）

1．防雨密封性是汽车的重要性能之一。（　　）

2．每台汽车在组装完成前必须经过防雨密封性检测。（　　）

3．乘用车的淋雨检测线是用来检查整车封闭部位的密封性。（　　）

4．淋雨设备管路系统只需定期进行压力检定，试验前喷嘴的喷射压力无须再测定。（　　）

5．乘用车淋雨 15 min 后，再开始观察车辆渗漏水情况。（　　）

6．车灯不允许出现进水现象，有灯雾气的车辆在开灯 60 min 内消失，可认定合格，否则为不合格。（　　）

7．通过防雨密封性试验可避免不合格的车辆流向市场。（　　）

三、简答题

1．简述乘用车防雨密封性检测的步骤。

2．简述乘用车防雨密封性检测的标准。